HANNES DIETRICH

TSCHULDIGUNG, MEIN BUS KAM ZU FRÜH

Das Beste aus unseren Klassenzimmern

Besuchen Sie uns im Internet:
www.knaur.de

Deutsche Erstausgabe Juni 2015
Knaur Taschenbuch

© 2015 Knaur Taschenbuch.
Ein Imprint der Verlagsgruppe Droemer Knaur GmbH & Co. KG, München
Alle Rechte vorbehalten. Das Werk darf – auch teilweise – nur mit
Genehmigung des Verlags wiedergegeben werden.
Umschlaggestaltung: ZERO Werbeagentur, München
Umschlagabbildung: FinePic®, München
Satz: Adobe InDesign im Verlag
Druck und Bindung: GGP Media GmbH, Pößneck
978-3-426-78725-0

2 4 5 3 1

ABC

Inhalt

Ergüsse aus dem Deutschunterricht
9

Vom Englischlernen und von anderen Katastrophen
23

Gehirnakrobatik in der Mathestunde
31

Erhellendes aus Geschichte, Politik und Erdkunde
41

Experimente der Physik, Chemie und Informatik
61

Skurriles Biologiewissen
77

Kreatives aus Kunst- und Musiksaal
97

Glaubensbekenntnisse aus Religions- und Ethikunterricht
107

Immer die passende Ausrede …
117

Wenn Eltern Briefe schreiben
139

Die witzigsten Klassenbucheinträge und Zettelchen
155

Ergüsse aus dem Deutschunterricht

Schlüpfe in die Rolle eines chinesischen Immigranten um 1870 und schreibe einen Brief in die Heimat, in dem du deine Erfahrungen und Erlebnisse im Westen beschreibst.

Dein Chinesisch war auch schon mal besser, Thorben!

Ich setzte mich hin und fing an zu lesen, hörte aber schnell wieder auf, als mir einfiel, dass ich gar nicht lesen konnte.

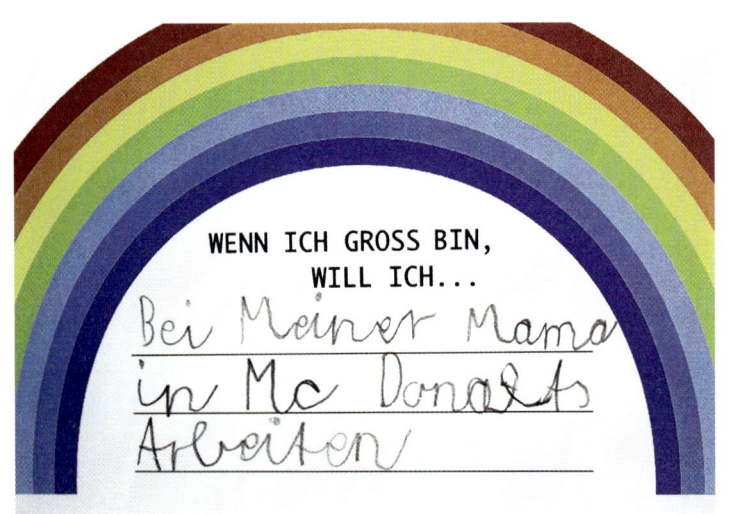

WENN ICH GROSS BIN,
WILL ICH...

Bei Meiner Mama in Mc Donalts Arbeiten

Als der Clown die Schnur aus seiner Hose zog, bot sich uns eine haarsträubende Szene.

Da stand das neue Motorrad. Das war ein wunderbares Gefühl, mit der Power von 600 Kubikzentimetern zwischen meinen Beinen.

Wir waren in dem brennenden Auto gefangen, aber glücklicherweise sollte es an dem Tag noch regnen.

Der größte deutsche Schriftsteller aller Zeiten war Johann Wolfgang von Goethe, der viele Gedichte, Verse und auch Literatur schrieb.

Die Emotion, die wir bei der Lektüre eines poetischen Textes verspüren, besteht in der Genugtuung, Werke zu verstehen, die andere nicht kapieren.

3. Personenbeschreibung

Beschreibe die Person auf dem Bild.

Der Räuber trägt eine große Nase und einen Schnurbart vor sich her.

Es handelte sich um einen ungefähr 35-jährigen Mann, der aussah wie 20, aber 40 war.

Tatsächlich wurde Homer nicht von Homer geschrieben, sondern von einem anderen Mann mit diesem Namen.

Probe über die Zeitformen

Ergänze die Gegenwartsform zu...

... ich kam. _ich bin da_ ̶f̶
... ich stand. _ich stehe_ ✓
... ich tanzte. _ich tanze_ ✓
... ich fand. _ich finde_ ✓

> Gestern klingelten
> die Zeugen Casanovas
> an unserer Tür.

Das hatte sich meine Tante auch anders vorgestellt, als sie plötzlich Zwillinge durch die Unachtsamkeit des örtlichen Müllmanns bekam.

4.) Finde die Fehler in diesem Satz und schreibe ihn korrekt auf:

„In Fluch der Karibick steht Jack Sparrow ganz am ende auf dem Schif."

CAPTAIN Jack Sparrow

Später wäre ich gerne Bauarbeiter, weil die immer zum Lesen aufs Pixi-Klo gehen können.

4. Begründe mithilfe des Tierschutzgesetzes, warum der Elefant kein geeignetes Haustier für dich ist!

Das Futter kann ich nicht im Supermarkt kaufen. Ich kann mit ihm nicht zum Tierarzt gehen. Außerdem will ich ein Pferd!

Und was hat das mit dem Tierschutzgesetz zu tun? 0/4

Überall rannten Menschen umher.
Die Mädchen hysterisch, die Jungs in Unterhosen.

Wilhelm Tell schoss einen Pfeil durch einen Apfel, während er auf dem Kopf seines Sohnes stand.

Die Mädchen in dem Roman trugen auffällige bunte Kleider, aber darunter waren sie nur gewöhnliche Mädchen.

Was sich in Referaten so alles offenbart...

Meine Lieblingseissorten sind Fanille und Straße-Teller.

3.) Nenne zunächst eine Fertigkeit und dann zwei Möglichkeiten, diese Fertigkeit schwieriger zu gestalten.

Fertigkeit: *Einen Handstand*

1. Möglichkeit: *Es wird schwieriger, wenn man den Handstand mit nur einem Arm macht.*

2. Möglichkeit: *Es wird noch deutlich schwieriger, wenn man ihn ganz ohne Arme macht.*

Das musst Du mir mal vormachen :)

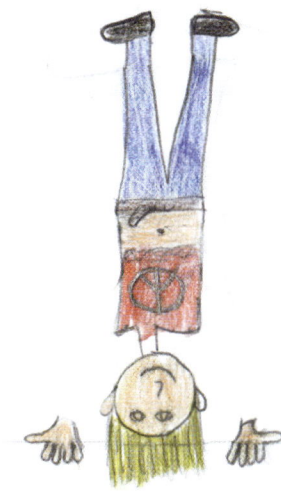

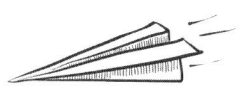

Vom Englischlernen und von anderen Katastrophen

Cause: Tony practices the piano 20 minutes every day.

Effect: He is a big NERD

Write the correct word.

The man can <u>run</u>.
(rub, run, rug)

The man <u>pet</u> the dog.
(fit, hit) Hunde soll man nicht schlagen!

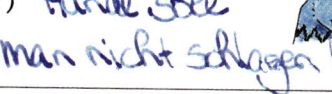

The <u>fox</u> ran.
(fog, fox, for)

2. This boy is __ugly__.
   a. sad
   b. glad
   c. ugly

And then they make themselves me nothing you nothing out of the powder.

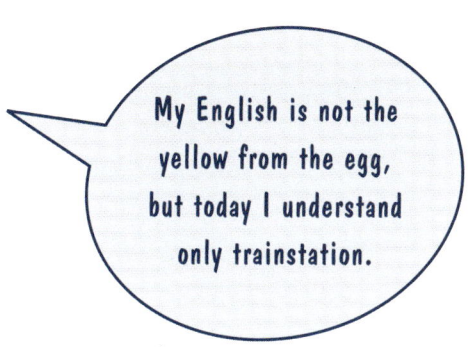

5. What is love?

Baby don't hurt me, don't hurt me no more 🎵

6. How do we love god?

Doing good things?

7. How do we love our neighbor?

Ask him over for tea.

1. a) Is monarchy still up to date and justifiable in the 21st century?
2. b) Would you like to marry into a royal family if you had the possibility?

III. Background Knowledge

1. a) Characterize the functions and the particularity of the President of the USA.

Dummkopf, you can't just while out a question, you don't want to answer!

3. Translate: "Thank you in advance for your help."

Danke für deine Hilfe in der Adventszeit

5. Translate the following sentences in English. Be careful with the tenses!

0 / 12 P.

a) Kolumbus landete 1492 an der Ostküste Amerikas.

b) Die Indianer leiden schon viele Jahrhunderte unter der Herrschaft der Weißen.

c) Vor dem Kino wartete eine Gruppe von Reportern.

d) Wir hatten uns sehr auf die Vorführung gefreut, kein Wunder, dass wir enttäuscht waren, als wir keine Karten bekommen konnten.

FACK Englisch

That hurts !

Übersetze: Tell your mother I like to have the peas.

Sag deiner Mudda, ich will, dass sie sich verpisst.

1+ 1= 2

Gehirnakrobatik in der Mathestunde

6. **Extraaufgabe:**

Es wird eine Münze geworfen und dann mit einem Würfel gewürfelt. Wie hoch ist die Wahrscheinlichkeit, eine gerade Zahl zu würfeln und dann „Kopf" zu werfen.

0,0⁰ weil du die Münze zuerst geworfen hast.

6 / 6 Punkte
Clever!

- Du kommst an eine Bushaltestelle um fünf vor drei und der Bus kommt um 15.20. Wie lange musst du warten?

0/3

Ewig! Ach Du Ärmster!

e) Zeigen Sie (rechnerisch), dass das Dreieck ABC gleichschenklig ist.

f) Bestimmen Sie für das Viereck $ABCD$ den Punkt D so, dass ein Parallelogramm entsteht.

Aufgabe 3

Beweisen Sie unter Verwendung der Spaltenschreibweise für Vektoren im Raum die folgende Rechenregel:

$$\left| \vec{a} \cdot \vec{b} \right| \leq \left| \vec{a} \right| \cdot \left| \vec{b} \right|$$

Viel Erfolg!

Wer das hier liest MUSS mir 15 Punkte geben!

Erreichte Punktzahl: __27__ von 60 Punkten.

Note: 5

Wer das hier liest hat 5 Punkte!

> Wäre Pythagoras nicht so intelligent gewesen, müssten wir das jetzt nicht lernen.

1. Schreibe < oder >

a. 0,5 _<_ 1,0

b. 3,2 _>_ 3,02

c. 4,83 _>_ 4,8

d. 6,25 _<_ 6,4

e. 0,7 _>_ 0,07

> Zum Glück hat der liebe Gott keinen Vorzeichenfehler gemacht, sonst würden wir jetzt alle an der Decke rumlaufen.

3.) Zwei Züge stehen 100 Kilometer voneinander entfernt und fahren dann mit genau 50 km/h aufeinander zu. Bei welchem Streckenkilometer treffen sich die beiden Züge?

Kommt darauf an, ob die nicht vorher zusammenstoßen.

Kopf ⟶ Tischplatte

> Arme Null. Sie hat nicht so einen schicken Gürtel wie die Acht.

Textaufgabe

2.) Sebastian und Stefan haben Hunger aber nur eine Pizza. Wie können sie die Pizza aufteilen, damit beide gleich viel von der Pizza abbekommen?

Ich will meine Pizza nicht teilen. :(

Hannes, ich kann dich so gut verstehen! Mein böser Rotstift leider nicht :(

0/4 P

3. Aufgabe:

Auf einem Baum hängen 50 Äpfel. Du holst dir einen runter.
Wie viele Äpfel hängen noch auf dem Baum?

Sehr frühreif oder Matheschwäche?

> Parallele Linien berühren sich nie, bis man eine oder beide verbiegt.

4. Wie lässt sich ein Kreis am besten beschreiben?

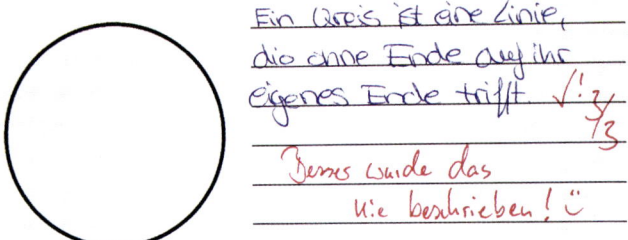

Ein Kreis ist eine Linie, die ohne Ende auf ihr eigenes Ende trifft.

Besser würde das Wie beschrieben! ü

Erhellendes aus Geschichte, Politik und Erdkunde

3.) *„Der Neandertaler war ein keuleschwingender Dummkopf."*

Nehme Stellung zu dieser Aussage.

Die Neandertaler waren sehr klug. Einer von ihnen dichtete Kirchenlieder, das war der Joachim Neander. Ausserdem erfanden sie das Feuer.

Knapp daneben ist auch vorbei...

Die Ägypter bauten riesige Pyramiden in Form von dreieckigen Quadraten.

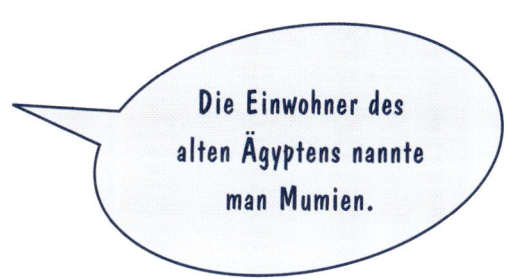

> Es gibt drei Arten von griechischen Säulen: korinthisch, dorisch und ironisch.

> Als sie mit den Persern kämpften, waren die Griechen in der Unterzahl, und die Perser hatten mehr Männer.

> Es gab keinen Krieg in Griechenland, weil die Berge so hoch waren, dass man nicht einfach sehen konnte, was die Nachbarn machen.

6. Welche Stände gab es im Mittelalter?

Brotstände, Gemüsestände und Blumenstände

Netter Versuch!!

Das Leben auf einer Burg war hart. Sie konnten schlecht schlafen, da sie ständig durch die Schreie im Kerker geweckt wurden.

Fülle aus:

Am 14. Juli kam es zum Sturm auf die <u>Bastille</u>.

Die Französische Revolution begann im Jahr <u>1789</u> und endetet im Jahr <u>1799</u>.

Wenn das Geld knapp wurde, erhöhte Ludwig XIV einfach die <u>Sonne</u>.

Gott sei Dank gibt es die Sonne heute kostenlos

> Ludwig XVI. regierte absolut und unterdrückte alle seine Organe.

> Das Motto der Französischen Revolution lautete »Liberté, Egalité, Brutalité«.

Die Greueltaten während der Französischen Revolution waren so schlimm, dass selbst Gott den Glauben verlor.

5. Was bedeutet der Begriff Gleichheit vor dem Gesetz?

„Gleichheit" bedeutet, dass Menschen und Frauen gleichberechtigt sind.

Komisch, bisher dachte ich immer, Frauen sind auch Menschen, Justin.

1840 gab es eine Bevölkerungsexplosion, da es damals noch keinen Fernseher gab.

Wer ist eigentlich dieser Jesus Charlie, über den jetzt alle reden?

Queen Elizabeth I. wurde im Volksmund auch »Die Jungfrau« genannt. Im Job war sie erfolgreicher.

Die Magna Charta legte fest, dass niemand zweimal für dasselbe Verbrechen gehängt werden durfte.

Den Opfern der Pest wuchsen Brüste am Hals.

Beulen, Max, Beulen!

2. Beschreibe einige Unterschiede des Schulbetriebs zur Zeit des Nationalsozialismus und Heute.

Die Schüler begrüßten sich damals immer mit „Hi, Hitler!" Nicht ganz...
Ausserdem mussten die Schüler

3. Warum wurde King von vielen Weißen angefeindet?

Weil er immer so viel geredet hat.

4. Was waren Kings Forderungen?

Er forderte seine Mitmenschen auf schwarz zu bleiben.

Im 19. Jahrhundert reisten die Cowboys in den USA auf dem Pferderücken, schliefen auf dem Pferderücken und in der Not aßen sie ihn sogar.

6.) Wenn es in Karlsruhe 17.00 Uhr ist, wie spät ist es dann in Köln um 12.00 Uhr Mittags?

<u>Da müsste man jetzt einen Atlas haben.</u>
Oder Allgemeinbildung!

4. Wie heißt der Kanal, der Nord- und Ostsee verbindet?

NDR 1/2 P

5. **Bestimme den Maßstab:**

   a.) 1 cm entspricht 500m: Maßstab 1: 50 000 ✓

   b.) 1 cm entspricht 2 km: Maßstab 1: 200 000 ✓

   c.) 1 cm entspricht 20 km: Maßstab 1: 2 000 000 ✓

   3/3

6. **Was bedeutet „m ü NN"?**

   Meter über Meeresspiegel (Normalnull) ✓

   2/2

7. **Was bedeutet in der Kartenlegende**

	Symbol	Bedeutung
a.)	▬─▭─▬	Bahngleise ✓
b.)	══ B 28 ══	Bundesstraße ✓
c.)	(Bäume)	Mischwald ✓
d.)	📡	freies WLAN

...oder nur am Aussichtspunkt oder was?!!

Thema: Vegetationszonen

1. Nenne die acht Vegetationszonen?

1. Tundra   2. Nadelwald   3. Laubwald   4. Steppe
5. Laubgehölze   6. Wüste   7. Regenwald   8. Savanne

2. Was wächst in der Tundra?

Dort gibt es niedrige
Sträuche, Flechten und
Moose.

Sträucher

Die Südpolen essen viel Pinguin, während
die Nordpolen Jagd auf Eisbären machen.

Die niedrigen Strolche ...

Experimente der Physik, Chemie und Informatik

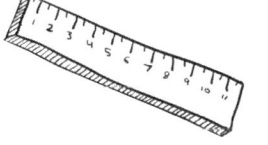

$1 + 1 = 2$

Hausaufgabe

Wenn du im, Supermarkt nach Waschmittel Ausschau hältst, worauf würdest du beim Kauf achten, wenn du weiße Kleidung waschen sollst?

Wenn ich im Supermarkt nach Waschmittel Ausschau halte, dann gucke ich mir erstmal den Preis an und gehe anschließend bezahlen, wenn mir dieser passt. Zudem achte ich darauf, dass die Verpackung schon nicht von jemanden geöffnet wurde und dass das Produkt im Regal möglichst weit hinten steht. Sonst achte ich beim Waschmittelkauf auf nichts.

Der Bund der Hausfrauen wäre stolz auf dich!

Eine super-gesättigte Lösung hält mehr, als sie kann.

$-\overset{\mid}{\underset{\mid}{C}}-$	~~Leer~~	
an	3,3-Diethyl-Propan $$-\overset{\mid}{\underset{\mid}{C}}-\overset{\overset{\mid}{C}}{\underset{\mid}{C}}-\overset{\mid}{\underset{\mid}{C}}-$$ *Falsche Benennung*	2 =
	4-Hexen	2,
en	$CH_3-\overset{\mid}{\underset{\mid}{C}}-\overset{\mid}{\underset{\mid}{C}}-\overset{\mid}{\underset{\mid}{C}}-$	Gly

Wenn man ein geruchloses Gas riecht,
ist es wahrscheinlich Kohlenstoffmonoxid.

3)

Fragestellung: Stelle dir vor, du hast zwei Behälter. In dem einen befindet sich Kaliumcyanid (Zyankali), im anderen Natriumchlorid (Kochsalz). *Leider* sind die Etiketten abgerissen worden. Wie kannst du feststellen, welcher Behälter welche Chemikalie enthält?

3)

Man nehme zwei Mäuse und verfüttere jeweils einer Maus eine der Chemikalien. Die Maus, die stirbt, hat das Zyankali bekommen. Die andere hat höchstens etwas Durst.

Grausam, aber kreativ!

10. Wie heisst der Vorgang bei dem ein Stoff von Gasförmig in Flüssig übergeht?

<u>Konversation</u>

Wenn du Redebedarf hast, darfst du gerne nach der Stunde zu mir kommen :)

b) magmatisches Gestein

c) Fels

d) Sedimentgestein

Extraaufgabe: Was ist die Stärkste Kraft auf der Erde?

~~Liebe~~.

3. Beschreibe Luft:

Luft ist überall. Auch in leeren Flaschen. Um Luft aus einer Flasche heraus zu kriegen, füllt man Wasser rein, gießt das Wasser wieder raus und macht die Flasche schnell zu, bevor die Luft wieder rein kommt.

4. Beschreibe Wasser:

Wasser ist sehr nass. Man kann es zum Duschen benutzen, aber auch zum Händewaschen und Trinken.

Am Ende des Experiments blinkten alle
Leucht-Idioten rot auf.

> **Wenn Wasser gefriert,
> kann man darauf gehen.
> Das machte z. B. Jesus vor
> langer Zeit im Winter.**

6. Durch welche Entdeckung wurde Benjamin Franklin bekannt?

Er erfand die Elektizität indem er eine Katze gegen den Strich Strich.

0/2

Wurde er dabei auch gekratzt?

7. Wie funktioniert ein Blitzableiter?

3. Wo ist der Unterschied zwischen einem
Stab- und einem Hufeisenmagneten?

A: Der Hufeisenmagnet hat einen Nord- und
Südpol, der Stabmagnet einen Ost- und
Westpol.

Dafür holt dich die Polizei.

Schrödingers Katze kann einem leidtun.

3. Wie weit ist die Erde von der Sonne entfernt?

   Doppelt so weit   0/2

4. Warum hat der Planet Saturn einen Ring?

   Gott liebte den Saturn
   und hat ihm einen
   Ring gegeben.   0/2

   Der Saturn war keine Singlelady
   auf Partnersuche, Johanna!

Skurriles
Biologiewissen

→ Was passiert mit deinen
   Zähnen, wenn du zuviel
   nascht?

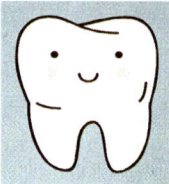

Wenn ich zuviel nasche, bekomen meine Zähne Karisma. Sehr süß ☺

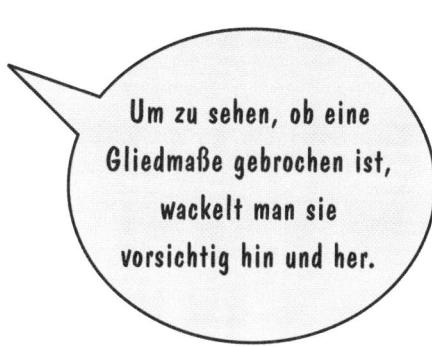

Um zu sehen, ob eine Gliedmaße gebrochen ist, wackelt man sie vorsichtig hin und her.

Bei Nasenbluten muss man die Nase tiefer halten als den Körper.

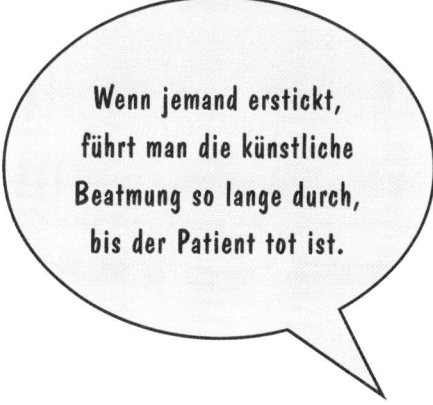

Wenn jemand erstickt, führt man die künstliche Beatmung so lange durch, bis der Patient tot ist.

5. Welche Aufgaben haben die Augenlider und Wimpern?

Klimpern und Flörten.

Um Staub aus dem Auge zu entfernen,
zerreibt man das Auge über die Nase.

Dank moderner Wissenschaft ist es also möglich, tote Körper mithilfe von künstlicher Befruchtung wieder ins Leben zurückzuholen.

5. Was bedeutet die Abkürzung DNA?

<u>Deutsche Nachrichten Agentur</u>

Eigentlich richtig, aber falsches Fach

> **Bei der künstlichen Befruchtung macht es der Bauer der Kuh anstelle des Bullen.**

> Das Blut fließt in einem Bein herunter und im anderen wieder hoch.

> Eine wichtige Erfindung für den menschlichen Körper war die Blutzirkulation.

> Vor einer Bluttransfusion muss man herausfinden, ob das Blut optimistisch oder pessimistisch ist.

3. Warum lebt der Maulwurf unter der Erde?

<u>Der Maulwurf ist nicht geeignet für ein Leben über der Erde, weil ihm sein Hobby - die Regenwürmer - fehlen würden.</u>

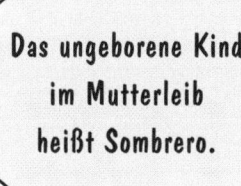

3. Benenne die Bestandteile des weiblichen Geschlechtsorgans (A, B & C).

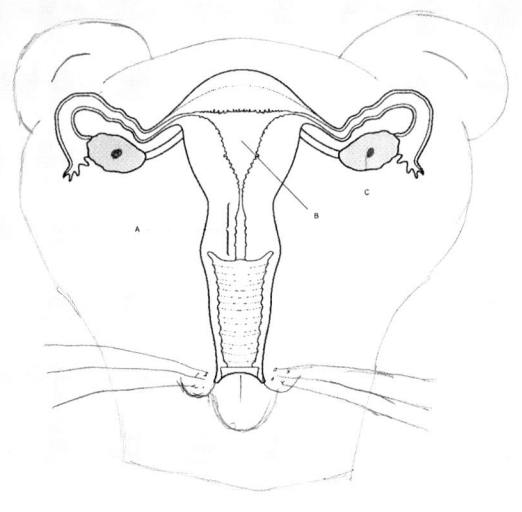

Man kann festhalten, dass die Pornographie als konkretes Werk meine Sicht der Dinge radikal verändert hat.

Hausaufgabe:

Schreibe den Text weiter:
Patricia ist unglaublich in Mike verliebt. Sie sind seit 4 Monaten zusammen. Schließlich sagt Mike: "Hey, meine Eltern gehen heute ins Kino. Wenn du zu mir kommst, wären wir vielleicht ganz ungestört... Wenn du verstehst, was ich meine..." Patricia versteht. Denn beide hatten noch nicht Geschlechtsverkehr miteinander. Ist es heute so weit??? Also klingelt Patricia am Abend bei Mike...

Hausaufgabe 9.1.15
Bio Sexualkunde

...Mike öffnet die Tür und sagt: "Du, Patricia, wie du siehst, bin ich plötzlich erkältet und wir können uns leider nicht sehen. Ich möchte dich nicht anstecken. Es wird besser sein, du gehst wieder nach Hause."
Das tut Patricia auch, denn so wichtig ist ihr der erste Geschlechtsverkehr dann nun auch wieder nicht.

Hausaufgabe 9.01.15

"Hey Mike." "Hey Patricias." "Ich habe ein paar Kondome dabei." "Ja echt? Freu mich schon." Und dann ging es ab im Bett. "Ja, schneller, tiefer, links und rechts!"

Du solltest zum Fernsehen gehen!

7. Welche Kinderkrankheiten kennt ihr?

Die Pubertät. 😂
Deine Eltern würden Dir
da voll zustimmen

Aufgabe: Nenne drei Möglichkeiten der Hühnerhaltung.

1. An der Leine
2. Mit der Hand nehmen
3. Wenn die Sonne scheind aufs Fensterbrett stellen

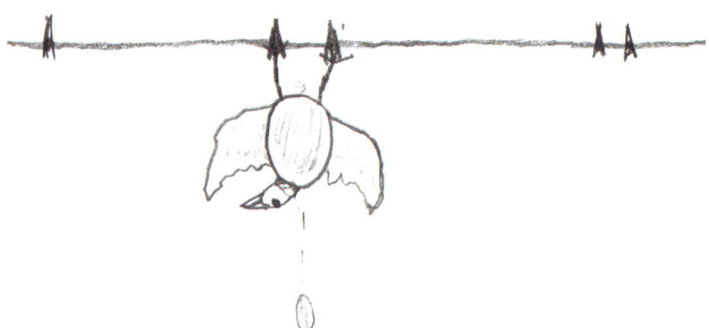

Welches Tier ist kein Tagraubvogel? (Kreuze an)

- ☐ Bussard
- ☐ Sperber
- ☒ Uhu
- ☐ Adler

Was ist das besondere am Kuckuck?

Der Kuckuck legt seine Eier nicht selber

> Vögel legen ihre Babys in Eier.

10. Das Schaubild zeigt am besten... O(1

    a. ... Lamarck's Evolutionstheorie.

    b. ... Darwin's Evolutionstheorie.

    c. ... Malthus' Bevölkerungsgesetz.

    d. ... Lyell's Kontinuitätsprinzip.

+ e) Giraffen sind herzlose Monster! Das Leben ist kein Ponyhof!

Es ist allgemein bekannt, dass ein verstorbener Körper den Geist schädigt.

3. Wie lässt sich Papier wieder recyclen?

Mit gaaaanz viel Tipp-Ex! XD

Blödsinn...

0/3P

3. Was bedeutet 'Gefährdungsgrad 2' in der Roten Liste der gefährdeten Tiere?

Nicht <u>gefährlich</u>.

Du meinst „nicht gefährdet", Timm!

Die Nachkommen von Rehen heißen Reh-Kids.

> Salmonellen sind die kleinen Fischchen auf der Pizza, von denen einen immer schlecht wird.

Kreatives aus Kunst- und Musiksaal

Carl Philipp Emanuel Bach
Johann Christoph Friederich Bach

- **2** -   Wer schrieb die Melodie zur deutschen Nationalhymne?

Joseph Handy

4.) Welche Instrumentengruppen kennst du?

Streichinstrumente
Blechblasinstrumente
Holzblasinstrumente

5.) Nenne drei Instrumente aus der Gruppe der Streichinstrumente.

Violine
Cello
Kontrabass

6.) Spielst du auch ein Instrument?

Ich spiele ein bisschen Klavier aber meine Schwester viel besser als ich, die spielt Zuhaus sogar immer die Mona-Lisa und so.
Vielleicht sollte sie lieber für Elise spielen...

7. Welche Instrumente sitzen im Orchester hinten und warum?

Die Bratschen, weil sie immer das Gleiche spielen und voll die Loser sind.

8. Beschrifte die Teile der Geige: wenn das die Bratschen hören!

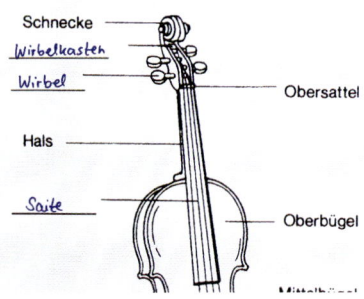

- Schnecke
- Wirbelkasten
- Wirbel
- Obersattel
- Hals
- Saite
- Oberbügel

> In Wagners Opern wird mal arisch, mal rezitativisch gesungen.

5. Gustav Mahler war nicht nur Komponist, sondern auch Dirigent.

Was ist die Aufgabe eines Dirigenten?

Der Dirigent gibt den Musikern den Taktstock.

Antonio Valventi komponierte vier Jahreszeiten.

I.) Die Musiker, die in einem Orchester vor den Blechbläsern sitzen, meistens die Streicher, sind einem enorm hohen Lautstärkepegel ausgesetzt, der auf Dauer das Gehör massiv schädigt. Was würde diesen Musikern helfen?

Hätten sie mehr geübt, würden sie weiter vorne sitzen.

> Ich spiele Blockflöte, aber unser Nachbar spielt Arschgeige, sagt mein Papa.

> Drei der größten klassischen Komponisten heißen Bach, Händel und Mantovani.

7. Nenne einen spanischen Tanz.

Flamingo 0/1

Es war das Interesse an der Nachtmalerei, das Donatello zum Vater der Renaissance machte.

> Leonardo war der Turtle mit den Schwertern und Raffael hatte so Messer.

Glaubensbekenntnisse aus Religions- und Ethikunterricht

21. Religion (Antwort im Heft)

Das jüdische Volk glaubte, dass Jesus gekommen ist, um sie von den Römern zu befreien.

2. Wie starb Johannes der Täufer?

Rübe ab

3. Johannes der Täufer taufte Jesus im Jordan. Was bedeutet dir die Taufe?

Ich bin zwar nicht getauft, aber geimpft.

Die Spanier wurden sehr katholisch, nachdem der christliche Glaube im 3. Jahrhundert v. Chr. dort verbreitet wurde.

Die Evangelisten haben keine Kniebänke in ihren Kirchen.

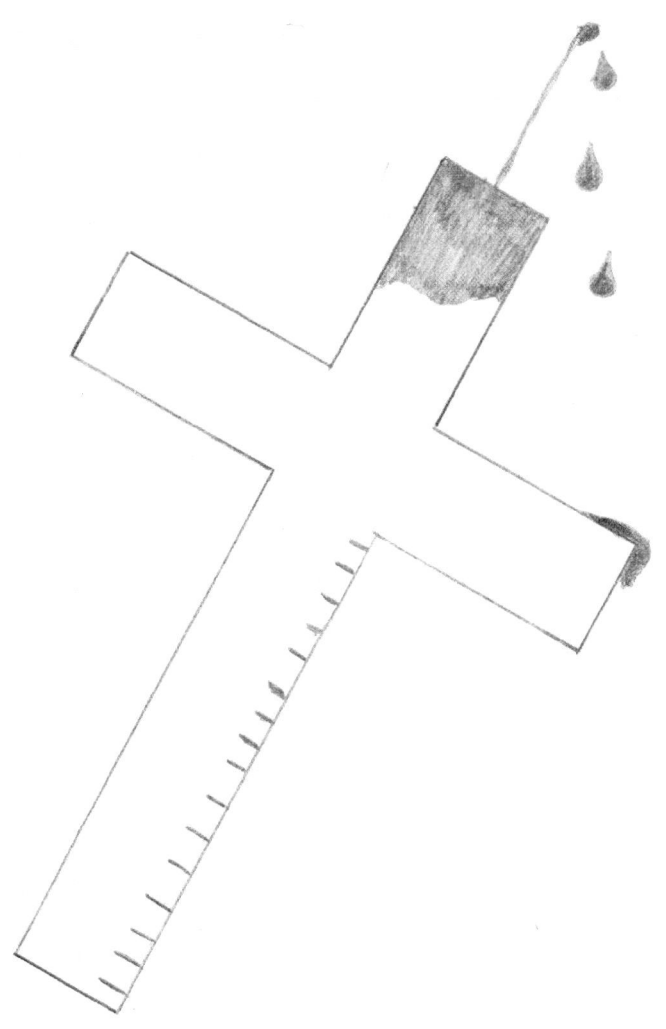

Kain schmetterte Abel hinterrücks einen Stein gegen die Stirn.

Jakob stahl Isaak seinen Geburtsort.

Moses führte sie zum Roten Meer, wo sie ungesäuertes Brot aßen. Das ist ein Brot, was ohne Zutaten gemacht wird.

6. Was gibt Gott Hiob zu verstehen? (Gottesbild)

Yo, heul nicht Digga!
Gott weiß alles, ich weiß nix
Gott bekommt 15 Punkte und du 3.

Gesamtpunktzahl: 6/30 Punkte

Gesamtnote: 3 P.

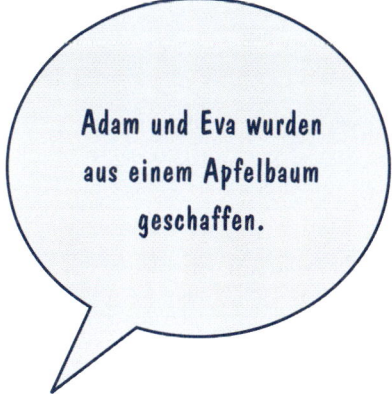

> ...und dann erfand Gutenberg die Bibel.

> Martin Luther wurde an die Kirchentür in Wittenberg genagelt, weil er Ablassbriefe verkaufte.

Martin Luther fand einen grausamen Tod, indem er von einem Bullen exkommodiert wurde.

- Stell dir vor, du würdest Jesus treffen. Was würdest du ihm sagen?

Ich würde ihm sagen: "Du gehst übers Wasser, aber Chuck Norris schwimmt durchs Land!" YOLO!

Er würde dir darauf vermutlich antworten: "Deine Mudda schwimmt im Ozean und heißt Afrika!"
Außerdem ist dir hoffentlich klar, dass YOLO bei Jesus irgendwie keinen Sinn macht...

> Ich möchte nicht so gerne in den Himmel, weil da ja auch der blöde Sohn vom Pfarrer hinkommt.

Meine Mama ist Ziegenbock als Sternzeichen.

- Wer war Sokrates, der für seinen Ausspruch: *„Ich weiß, dass ich nichts weiß!"* bekannt ist?

Ein Innenverteidiger von Dortmund

Genau, und Dante spielt bei Bayern...

Nihilisten sagen grundsätzlich zu allem erst mal Nein.

Immer die passende Ausrede ...

... wenn man zu spät ist:

> Entschuldigung, aber meine Katze ist auf meinem Hausschlüssel eingeschlafen.

> Entschuldigung, ich hatte meine Uhr auf Herbstzeit umgestellt und zu spät gemerkt, dass es die gar nicht gibt.

> Entschuldigung, aber meine Mutter hat verschlafen.

> Meine Straßenbahn hat sich verfahren.

> 'Tschuldigung, mein Bus kam zu früh.

> Ich bin pünktlich losgegangen, habe aber die Erdkrümmung und -rotation fatal unterschätzt.

> Als ich heute Morgen aufgewacht bin, war ich derart im Bettlaken verheddert, dass ich eine Stunde brauchte, um mich zu befreien.

> Als ich heute Morgen aufgewacht bin, überkam mich ein dunkler Weltschmerz, der es mir unmöglich machte, einfach aufzustehen.

> 'Tschuldigung, aber die Dusche wollte einfach nicht warm werden.

> Plötzlich war da dieses helle Licht, und das Nächste, woran ich mich wieder erinnern kann, war die Tür zu diesem Klassenzimmer.

> Entschuldigung, ich hatte mich in der Klasse geirrt und schon gewundert, wo all diese fremden Menschen herkamen.

Herr Direktor Möhlendonk wollte noch meine Meinung zu Ihrem Unterricht hören und ich konnte ihm auf die Schnelle ein paar Verbesserungspunkte an die Hand nennen. Er lässt Sie schön grüßen.

Entschuldigung, aber seitdem wir den neuen Anbau haben, verlaufe ich mich ständig.

Ich habe mich von einem Viertklässler zu einem Fahrradrennen zur Schule provozieren lassen. Leider geht er auf eine andere Schule.

> Ich dachte, ich hätte ein Erdbeben gespürt, und blieb vorsichtshalber eine halbe Stunde unter meiner Decke liegen.

> Wir hatten heute Morgen starken Bodennenbel, und der war so dicht, dass ich zweimal im Kreis gegangen bin.

> Entschuldigung, dass ich zu spät komme, aber bei uns wurde eine Tempo-30-Zone eingerichtet, und jetzt kann ich nicht mehr so schnell laufen wie früher.

> Okay, ich geb's zu, ich bin zu spät.

> Die Bahn war pünktlich, daher hab ich den Zug verpasst.

> Mein Opa ist nicht mehr der Jüngste und hat den Weg vergessen, als er mich zur Schule bringen sollte.

> Der Bus hatte ein Problem mit der Türhydraulik, und alle waren eingesperrt. Ich konnte aber aus dem Bus schon das Klassenzimmer sehen und hab das Tafelbild verfolgt. Machen Sie nur weiter.

> Ich stand bereits die ganze Zeit vor der Tür, musste aber noch eine SMS fertig schreiben und fand es unhöflich, das vor allen anderen zu tun.

Ich hatte mein Pausenbrot vergessen und bin noch mal zurück. Auf halbem Weg ist mir dann aufgefallen, dass ich es glücklicherweise doch dabeihatte. Tja, manchmal trifft es eben doch die Richtigen!

Entschuldigung, aber das Rätsel auf der Cornflakes-Packung war so schwierig, da hat mich der Ehrgeiz gepackt.

Ich hatte heute Morgen den Schlüssel vergessen und musste noch mal zurück, da ich sonst bis nächsten Montag ausgesperrt gewesen wäre.

— Entschuldigen Sie die Verspätung, aber dafür habe ich jetzt auch die Hausaufgaben.

— Ah, sehr gut! Ich hatte gehofft, dass Sie schon ohne mich anfangen.

— Lassen Sie sich durch mich bitte nicht stören, der Grund meiner Verspätung ist unspektakulärer, als Sie denken.

— Entschuldigung, ich dachte, ich hätte im Lotto gewonnen und müsste nicht mehr zur Schule. Hatte mich dann doch vertan.

Entschuldigung, aber ich musste die ganze Nacht daran denken, heute nicht zu spät zu kommen, und dann hab ich verschlafen.

Die Bahn hatte eine Betriebsstörung und ist plötzlich rückwärtsgefahren.

Entschuldigung, ich war in der Pause auf dem Klo und bin da kurz eingenickt.

... wenn man die Hausaufgaben nicht gemacht hat:

Bei der Saalwette von
›Wetten, dass…?‹ sollten hundert
Schüler ihre Hausaufgaben
öffentlich verbrennen, und ich wollte
den Kandidaten einfach
nicht hängen lassen.

Martin hat von mir in
der großen Pause abgeschrieben,
am besten, Sie fragen ihn,
er kann besser vorlesen als ich.

Vorsicht, hinter Ihnen!
Ein dreiköpfiger Affe!

> Ich weiß, was ich kann, das muss ich der Welt nicht immer und immer wieder beweisen.

> Die Frühstücksmilch war sauer. Ich musste mich übergeben, und mein Matheheft bekam die volle Ladung ab.

> Mein Bruder hat gestern mein Heft versteckt und konnte sich heute nicht mehr an das Versteck erinnern.

> Ich habe gestern meine ganze Schultasche beim Pokern verloren!

> Ich habe zwar nicht die Hausaufgaben, aber dafür eine Menge andere Qualitäten.

> Manchmal habe ich das Gefühl, Ihnen ist das wirklich wichtig mit den Hausaufgaben.

> Ach wie doof, ich hab gestern ein neues Heft angefangen, und die Hausaufgaben waren im alten. Wie? Das hier? Das ist mein ganz altes, ich wollte das neue erst noch schonen.

> Ich hab gestern auf mein Heft geniest, und Sie wissen ja, wie das ist in Zeiten von Ebola und Vogelgrippe.

Gestern war das Wetter so schön, dass ich die Hausaufgaben draußen gemacht habe. Ich bin dann dummerweise über dem Heft eingeschlafen, und als ich aufgewacht bin, hat es so geregnet, dass alles hin war.

Ich hätte sie ja gemacht, aber erst hatte ich keine Lust, und dann musste ich zum Capoeira-Training.

Dann würde ich jetzt gerne den Publikumsjoker setzen.

Bei uns ist heute Nacht der Strom ausgefallen, und wenn wir nicht alles verheizt hätten, was nicht niet- und nagelfest ist, weiß Gott, wir hätten diese Nacht nicht überlebt.

Als Mutti gestern nach Hause kam, hat Vati ganz hektisch seine Magazine und Hefte weggeräumt, und da muss dann meins auch dabei gewesen sein.

Entschuldigung, aber wir haben ein französisches Au-pair-Mädchen, und die war heute Morgen zwei Stunden im Bad.

Kennen Sie das Gefühl, wenn Sie wissen, dass sie gleich jemanden enttäuschen müssen?

Mich hat die Muse einfach nicht geküsst!

> Mein Hund hat die Hausaufgaben gefressen. Ich dachte, das gibt's nur im Fernsehen!

> Gestern war es einfach zu wolkig für meinen Solartaschenrechner.

> Ich habe versehentlich durch null geteilt, und da hat sich mein Schulheft einfach in Luft aufgelöst.

> Ich musste meine Hausaufgaben letzte Woche schon vorlesen. Also irgendwann muss auch mal gut sein.

> Ich habe gestern so lange überlegt, wann der optimale Zeitpunkt wäre, die Hausaufgaben zu erledigen, dass ich irgendwann so müde war, dass ich sie unmöglich noch machen konnte.

... wenn man seine Entschuldigungen selber schreiben darf:

Sehr geehrte Frau Holtze-Block,

wegen starken Motivationsproblemen
konnte ich leider nicht an Ihrem
Unterricht teilnehmen.
Gruß,
Antonio Antocci

Sehr geehrte Frau Froböse,

ich konnte leider am 30.01.2015
nicht an Ihrem Unterricht teilnehmen,
da ich eine UPS-Bestellung erwartete.
Ich bitte, dies zu entschuldigen.

Johannes Salzwerder

Sehr geehrter Herr Hartmann,

leider konnte ich an Ihrem Unterricht
letzten Dienstag nicht teilnehmen,
da ich aufgrund eines schweren Katers
mein Bett nicht verlassen konnte.

Mit freundlichen Grüßen
Jan-Niklas Busche

*Wie darf ich das bitte verstehen? Eine
übergewichtige Katze hat Sie daran
gehindert, Ihr Bett zu verlassen?
Hat sie Ihnen Gewalt angedroht?*

Sehr geehrte Frau Licht,

abwesenheitsbedingt habe ich an Ihrem
Unterricht heute nicht teilgenommen.
Ich bitte Sie, mein Fehlen zu
entschuldigen.

Mit freundlichen Grüßen, Max Lerm

Lieber Herr Gonzales,

ich bitte, mein Fehlen zu entschuldigen.
Auf dem Weg zur Schule hatte ich eine
Marien-Erscheinung. Da hab ich natürlich
angehalten und zugeschaut.

Ihr Stefan Kost

Wenn Eltern Briefe schreiben

Sehr geehrter Herr Amtsberg,

*mein Sohn kann heute nicht mitturnen,
da er eine Verletzung am Hinterbein hat.*

*Verbindlichst,
Sabine Rehlein*

Sehr geehrte Frau Lachs,

Felix hatte heute zum dritten Mal in Folge seine Hausaufgaben nicht gemacht. Bitte sprechen Sie mit ihm darüber, und geben Sie Felix diesen Zettel unterschrieben wieder mit.

Hochachtungsvoll,
Beate Pahlow

Sehr geehrte Frau Pahlow,

Ich habe mit Felix darüber gesprochen, und wir konnten uns darauf einigen, dass es in Ordnung ist, wenn er die Hausaufgaben nicht immer macht. Es soll ihm ja auch nicht der Spaß an der Schule vergehen.

Ergebenst,
Eva Lachs

Sehr geehrte Frau Klein,

meine Tochter kann heute mit ihren Ohren nicht mitschwimmen.

Herzliche Grüße,
Anna Kiefer

Sehr geehrter Herr Dünnebiel,

Miami-Pascal kann leider nicht am Sportunterricht teilnehmen, weil sein Polo-Team gestern verloren hat und er noch zu frustriert ist, um wieder an Teamsportarten teilzunehmen.

Herzlichst,
Konstanze Neureich

Sehr geehrter Herr Ludewig,

da ich heute recht spontan auf eine Konferenz nach Paris fliegen muss und mein Mann seine Vernissage in Mailand eröffnet, würde ich Sie bitten, Ragnar heute bei sich übernachten zu lassen. Er hat 25 Euro als Aufwandsentschädigung dabei.

Grüße,
Victoria Hautke-Petersen

Sehr geehrter Herr Mohoven,

Lydia konnte die Hausaufgaben aus dem Musikunterricht nicht machen, da wir kein Klavier zu Hause haben.

MfG, Rainhard Schleich

Sehr geehrter Herr Schleich,

grundsätzlich ist es bedauerlich, dass Sie kein Klavier haben, aber zum Bestimmen von Intervallen braucht man genauso wenig ein Klavier zu Hause wie ein Atomkraftwerk für die Chemiehausaufgabe oder ein Museum zum Geschichtelernen.

Herzlichst, Wolfgang Mohoven

Elternsprechtag …

Sehr geehrter Herr Wagner,

Viktualia kann leider nicht am Unterricht teilnehmen, da sie sich am Wochenende beim Video-Drehen zur Ice-Bucket-Challenge erkältet hat.

Grüße,
Petra Pahn

Sehr geehrte Frau Murer,

Roberto kann morgen leider nicht an Ihrem Unterricht teilnehmen, da er vor dem Mediamarkt wartet, um eine neue Playstation 4 zu bekommen.

Viele Grüße,
Annemieke Ruhlos

Sehr geehrte Frau Zauderlich,

*es tut mir sehr leid, dass Jonathan
Sie mehrfach als Ziege bezeichnet hat.
Sollte das noch einmal vorkommen,
sprechen Sie ihn einfach auf sein
Übergewicht an, das ist sein wunder
Punkt, und er ist dann sehr schnell still.*

*Mit freundlichen Grüßen,
Rabea Mutter*

Ein beliebtes Mitbringsel vom Elternabend: Kaugummis

Die witzigsten Klassenbucheinträge und Zettelchen

Sarah schreibt wiederholt Briefe an »Schatzi«.

Hey Anna willst du mit mir gehen ??
Ja ?   Nein ?   vielleicht ?

Könntest du dann Friederike neben dir fragen ?

Jennifers ausufernder Liebeskummer störte den Unterricht derart, dass sie für 15 Minuten vor die Tür geschickt werden musste.

Während des Politikunterrichts suchten
Paul und Erkan jemand Drittes,
um Skat spielen zu können.

Liebesbrief
Liebe Nina,
ich liebe dich.
Liebst du mich auch?

Ja ♡

Serkan legt wiederholt seine Füße
auf den Tisch und verkündet,
»er fühle sich ganz wie zu Hause«.

Meine Mutter nervt so... Warum will Sie, dass ich jeden Morgen mein Bett mache, wenn ich es abends sowieso wieder benutze?

Naja, warum sollte man sich den Hintern abwischen, wenn man eh wieder auf Klo geht?

Die Klasse ist so laut, dass ich versucht habe, mich mit meinem Schal zu erhängen. Es hat nicht geklappt.

Julians obszöne Witze waren unangebracht und störten den Unterricht. Zum Beispiel:
Dr. Penis wurde verhaftet.
Er hat gestanden.

Sabine trinkt im Unterricht und kann es noch nicht einmal richtig.

Tobias röstet Salamischeiben auf dem Overheadprojektor.

Hey Steffi, hast du Lust heute abend mit mir ins Kino zu kommen?

Ne, gucke Bachelor mit ner Freundin!

Falls der Bachelor dich nicht nimmt, bist du bei mir immer herzlich willkommen!

Thorsten und Steffen benutzten den
Notausgang als Eingang. Steffen ist
ein Kameradenschwein und hat gepetzt.

> Habe mir gerade den Kopf gestoßen, aber dabei 2 Euro gefunden?
> Ich habs immer gewusst, du bist Super Mario!

Pierre spielte im Klassenraum Fußball
und zerstörte dabei 40 Deckenplatten.

Hey Steffi, ich möchte mehr als
nur Freunde sein...
Was, beste Freunde?
Nein, mehr als das...
Super Beste Freunde? XD
Ach, vergiss es...

Sabrina kann nicht singen.

Sebastian verewigt sich mit einer Schere auf der Tischplatte und schreibt dabei noch seinen Namen falsch.

Ich will jetzt arbeiten d.h. ich kann nicht schreiben.

Was heißt d.h.?

Das heißt

Ja, was?

DAS HEIßT

Naja, was das bei dir in dem Text heißt „arbeiten d.h."

Willst du mich verarschen?

Dwaine fährt während der Unterrichtszeit
mit dem Auto hupend Runden auf dem
Lehrerparkplatz.

Oh ist das langweilig
lieber Geschichte, als
gar kein Schlaf !!!
. . .

Ein männliches Geschlechtsteil
ziert den Tageslichtprojektor.

Ralf hat sein Butterbrot angezündet.

Jeremy hat im Unterricht einen Toaster ausgepackt und gepicknickt.

Raul hat während des Unterrichts an alle
Mädchen der Klasse Liebesbriefe mit dem
Inhalt: »Willst du mit mir gehen?
Ja, Nein, Nur Ficken« verteilt.
Daraufhin verbrachte er den Rest des
Unterrichts auf dem Flur.
Ohne Damenbesuch.

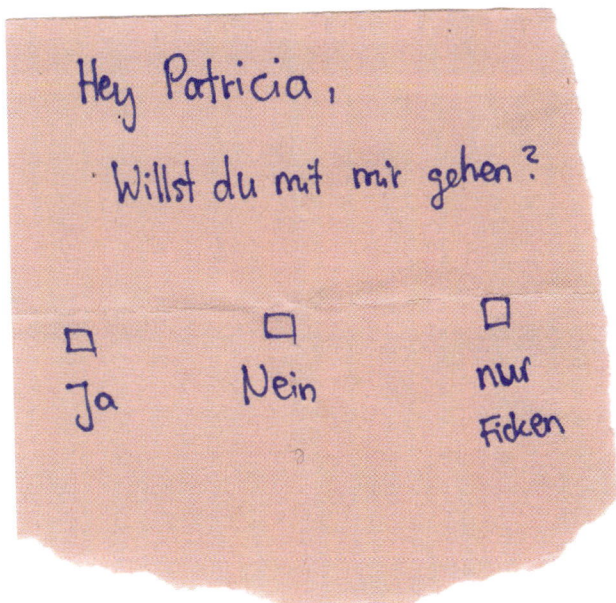

Konstanze bat mich höflich, etwas leiser zu sprechen, da sie kurz telefonieren müsse. Sie kann sich ihr Handy am Ende der Woche beim Schuldirektor wieder abholen.

Willst du mit mir gehen
☐ ja
☒ nein
☐ vielleicht
Ey warum nicht !! :C

Die Klasse bekommt kollektives Nachsitzen nach geschmacklosem Aprilscherz, bei dem ein lebendiges Huhn und eine Nagelschusspistole zum Einsatz kamen.

Silas brachte einen Obdachlosen vom Schulhof mit in den Unterricht, weil er ihm leidtat.

Sina bezeichnet wiederholt mehrere Jungs in der Klasse als »Wichser«. Da dies nicht während des Sexualunterrichts stattfand, dürfen Sinas Aussagen als beleidigend aufgefasst werden.

Oft liegen Wunsch und Wirklichkeit weit auseinander ...

Thorben und Malte spielen heimlich Minecraft während des Informatikunterrichts.

Hey Babe, du gefällst mir, willst du mit mir gehen?

Ja, Süßer!

Nice!

Marius wischt die Tafel unerträglich langsam und behindert dadurch den Unterricht für 20 Minuten.

Kevin und Sören versuchen sich während des Religionsunterrichts unentwegt mit Papierkügelchen zu »steinigen«.

Frage:

Ist für Jungs das Gefühl bei der Selbstbefriedigung eigtl. auch soooo toll wie bei uns Mädchen?

Anonyme Frage einer Schülerin in der »Klassen-Blackbox«

Es ist ab jetzt bis auf unbestimmte Zeit verboten, Kaugummis vom Platz aus in den Mülleimer zu spucken, auch wenn es theoretisch jedes dritte Mal klappt.

Mein momentaner Zustand:

Langweilig, was?

Mir nicht, ich dekliniere im Kopf ein paar lateinische Substantive durch

Spalter!

Simons Turnhose ist nicht zum Tafelputzen geeignet.

Tobias kletterte während der großen
Pause auf das Schuldach, um sein
Schlüsselbund zurückzuholen, das er
zuvor ÜBER das Schuldach werfen wollte.

Gutschein für
1.000 Küsse

Besorg dir nen Hund!

Heidi und Elena boten Küsschen für
Hausaufgaben und Schokomilch an.

Rabea isst und schläft abwechselnd.

Liam lässt sich beim Stören des
Unterrichts einfach nicht stören.

Oliver schneidet Jennifer im Unterricht heimlich die Haare ab.

Hey Sandra darf ich bei dir abschreiben?
Ich massier dir auch in der Pause...

Bin ich die Klassenprostituierte für Hausaufgaben oder was?

Ok, wusste ich nicht.
Wer ist das denn?

Hmm... frag doch mal im Sekretariat nach, die haben eine aktuelle Liste der Klassenprostituierten.

Ok danke

Für alle Kinder, die Opfer allzu kreativer Eltern wurden.

Die Klasse hat den Klassenraum während der Pause weihnachtlich geschmückt. Im Mai.

Hey Camilla, warum starrst du Herrn Weidner so an?
Weil er einfach nur heiß ist...
Warum suchst du dir nicht jemand in deinem Alter?
Ich will keinen Jungen, sondern einen Heutigen Mann...
Sorry Raphael ,,,
Gut zu wissen! Wir sehen uns in 20 Jahren am Frühstückstisch. Ich bin der grinsende Typ neben deiner Tochter... :P

Tobias kippelt und fällt um.

Hey Nicola, stell dir mal vor, Lasse und ich wären beide am ertrinken, aber du hast nur einen Rettungsring, wen würdest du retten?

Lasse!

WAS? Warum bist du so zu mir? :(

Wer viel fragt bekommt viele Antworten...

Inga isst Pistazien und verteilt die Hülsen auf dem Boden. Sie hat für zwei Wochen Fegedienst.

Boah, Herr Hartmann trägt jeden Tag den gleichen Pulli. Wahrscheinlich hat er sich den 52 mal gekauft, für jede Woche einen

LOL

Du hast ja gar nicht laut gelacht

LOS

Danksagung

Für die vielen schönen Zeichnungen und kreativen Einfälle will ich mich zuallererst ganz herzlich bedanken bei den Schülern und Schülerinnen der Klasse 4 der Immanuel-Grundschule Bückeburg, der Klasse 8 der IGS Immanuel Bückeburg, den Klassen 2, 3a, 3b, 4a und 4b der Wilhelm-Busch-Grundschule in Niedernwöhren, der 5d der Agnes-Wenke-Schule in Nehmen-Hüsten, der 4a der Lambertus-Grundschule in Walstedde und der 8.1 sowie weiteren Oberstufenschülern der Michelsenschule in Hildesheim. Ihr habt dem Buch durch eure Handschriften und Zeichnungen die Würze gegeben, die man als ernster Erwachsener einfach nicht nachmachen kann.

Ohne Hilfe seitens vieler lieber Lehrer bei der Schülervermittlung und dem emsigen Sammeln lustiger Gegebenheiten hätte ich ganz schön auf dem Schlauch gestanden. Ich bedanke mich bei Diemut, Frau Fabian, Flo, Frank, Gerwina, Mama, Martha, Michi, Miriam, Niklas und Thomas.

Ein ganz besonderer Dank für das Zeichnen der tollen Comics geht auch an Steffen Henning, der diese in Rekordzeit fertiggestellt hat.

Ein großer Dank geht an meinen Lektor Johannes Engelke, der mich durch die Höhen und Tiefen dieser Buchproduktion begleitet hat und oft der Fels in der Brandung war. Danke auch an Julia Krug, die das Buch auf den letzten Metern als Lektorin betreute und ihren Segen gab.

Zuletzt will ich noch meinen Eltern und Freunden danken, die mich durch ihr Lachen über meine Witze schon immer in meinem Humor bestätigten und so auch ermutigten, dieses Buchprojekt anzugehen.

Bildnachweis

Comics von Steffen Henning

Schülerzeichnungen, Briefchen und Handschriften in den Klausuren stammen von Schülern und Schülerinnen der Klasse 4 der Immanuel-Grundschule Bückeburg, der Klasse 8 der IGS Immanuel Bückeburg, den Klassen 2, 3a, 3b, 4a und 4b der Wilhelm-Busch-Grundschule in Niedernwöhren, der 5d der Agnes-Wenke-Schule in Nehmen-Hüsten, der 4a der Lambertus Grundschule in Walstedde und der 8.1 sowie weiteren Oberstufenschülern der Michelsenschule in Hildesheim.

Fotos:
S. 12 Shutterstock (im Folgenden »Shu«)/Yes-Royalty Free, S. 17 o. Shu/coniferine, S. 18 o. Shu/gualtiero boffi, S. 37 Shu/Sailorr, S. 38 o. Shu/Art'nLera, S. 39 Shu/Mazzzur, S. 42 Shu/Memo Angeles, S. 50 Shu/Patrick Poendl, S. 52 o. Shu/Igor Golovniov, S. 56 Shu/Dimedrol68, S. 58 Shu/Jennifer Stone, S. 69 o. Shu/svetok30, S. 69 u. Shu/Dmitry Naumov, S. 72 o. Shu/Georgios Kollidas, S. 74 o. Shu/alexokokok, S. 78 o. Shu/kotoffei, S. 80 o. Shu/Accord, S. 81 Shu/LHF Graphics, S. 83 o. Shu/VIGE.CO, S. 88 o. Shu/spiro, S. 94 o. Shu/Audrey Snider-Bell, S. 98 o. Shu/360b, S. 101 Shu/Stokkete, S. 115 Shu/Konstantin Solodkov

Illustrationen:

Bleistift klein, Tintenklecks, ABC, Zirkel, Taschenrechner, 1+2=2: Shutterstock (im Folgenden »Shu«)/Petr Vaclavek, Bleistift groß, Papierflieger, Lineal: Shu/LHF Graphics